ISAAC ALBÉNIZ

# RECUERDOS DE VIAJE

## OPUS 71

U|M|E

## UNION MUSICAL EDICIONES S.L.

BLANCA DE NAVARRA, 3-BAJO,
28010, MADRID.

*A la Excma. Sra. Condesa de Santovenia*

# EN EL MAR

Isaac Albéniz Op.71 No.1

4

6

A mi querido amigo Plácido Gómez de Cádiz

# LEYENDA

## (Barcarola)

Isaac Albéniz Op.71 No.2

Allegro molto

*A mi buena y distinguida discipula Señorita de Rafaela de Lloréns*

# ALBORADA

Isaac Albéniz Op.71 No.3

20

*Recuerdo á la Sra: Da. Belen Gaston de Moya*

# EN LA ALHAMBRA

Isaac Albéniz Op.71 No.4

24

*A mi buena discipula Señorita Isabel de Parlade*

# PUERTA DE TIERRA

## (Bolero)

Isaac Albéniz Op.71 No.5

PIANO.

29

*A mi ilystre amigo el Exemo: Sr. General Lopez Dominguez*

# RUMORES DE LA CALETA

## (Malagueña)

**Isaac Albéniz Op.71 No.6**

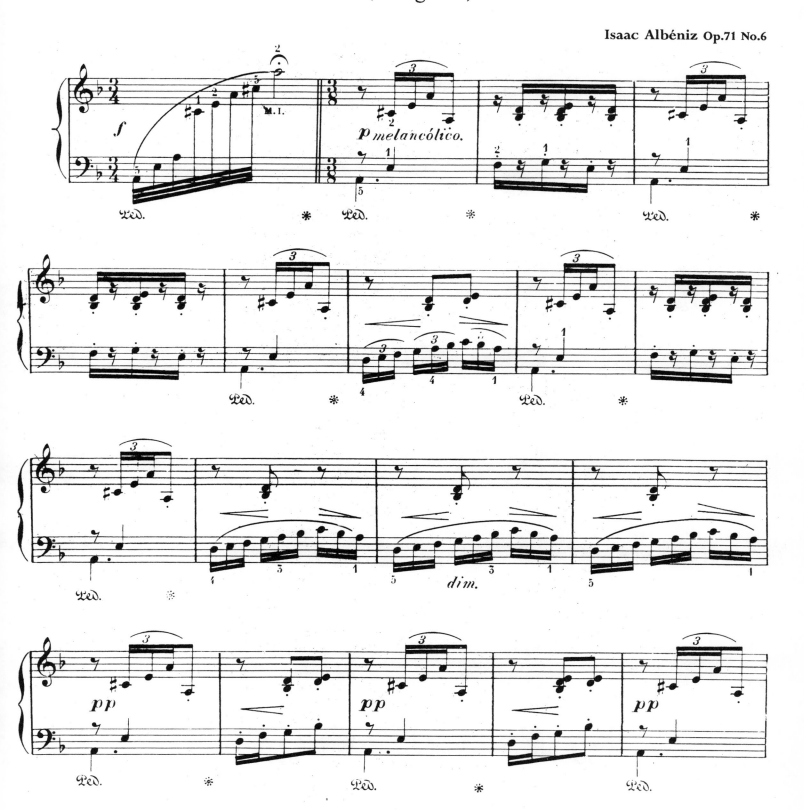

34

Meno mosso.

cantando.

*A mi buena discipula la Srta. Paulina de Baüer*

# EN LA PLAYA

Isaac Albéniz Op.71 No.7

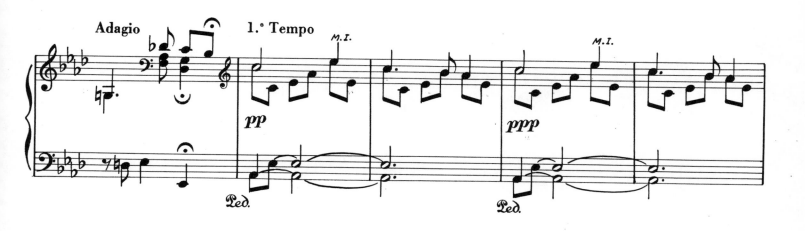

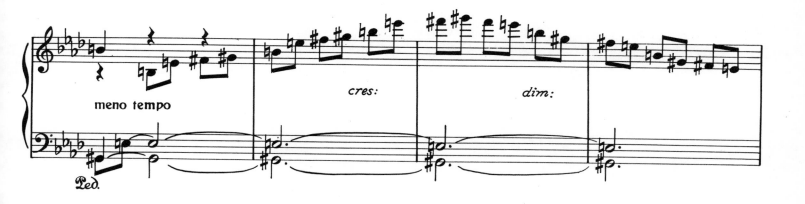

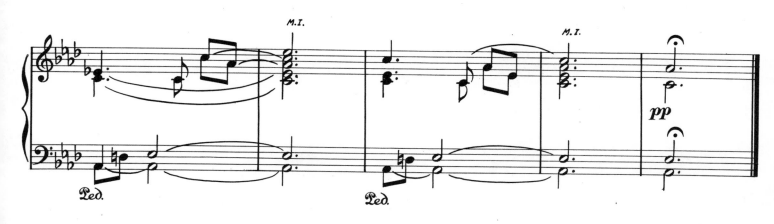

10/96(25632)
Printed In England